# WOKE É DE DIREITA ?

O movimento Woke começou na direita, se sustenta no capitalismo e se apoia na esquerda.

## Gustavo Santos

**Amazon**

# Apresentação

E aí, tudo bem? Talvez você já tenha ouvido falar sobre o movimento Woke. Eu sempre escutava esse termo, mas nunca realmente soube o que significava. Quando finalmente decidi investigar para entender do que se tratava, algo me incomodou profundamente: a maioria das definições que encontrei resumiam o Woke a "lacração" ou afirmavam que "Woke é de esquerda". Isso me deixou inquieto. Por que tudo é associado automaticamente à esquerda?

Essa inquietação me levou a explorar mais a fundo, a pesquisar e a estudar o tema com seriedade. O que eu descobri, e que compartilho aqui, é uma análise que dificilmente você encontrará nas livrarias ou no YouTube. A maior parte do conteúdo disponível nesses lugares repete o mesmo discurso: "Woke é de esquerda". Porém, o que você verá neste livro é uma perspectiva diferente, que desafia essas noções comuns e oferece uma visão mais ampla e crítica do movimento Woke.

# Introdução

O movimento Woke tem suas raízes na conscientização sobre as injustiças sociais e na luta por igualdade e direitos para grupos marginalizados? Inicialmente associado à esquerda política, o movimento rapidamente ganhou espaço no discurso público, influenciando corporações, instituições de ensino, e a cultura popular. Entretanto, a popularização do movimento também trouxe à tona uma série de críticas, questionamentos e controvérsias sobre sua verdadeira natureza e objetivos.

Neste livro, propomos um olhar alternativo: e se o movimento Woke, em sua forma atual, for mais um reflexo de estratégias e valores tradicionais da direita do que uma força genuinamente progressista? Esta é a questão central que guia nossa análise.

## O Que é Real? O Questionamento Filosófico

A questão filosófica "O que é real?" tem sido uma preocupação central em diversas tradições filosóficas, desde Platão até os pensadores contemporâneos. No contexto do movimento Woke, esse questionamento ganha novas dimensões. O movimento desafia as "realidades" sociais, questionando narrativas estabelecidas sobre raça, gênero, poder e identidade. Mas, ao fazer isso, ele também levanta uma série de questões sobre a própria natureza da realidade.

Construção Social da Realidade: O movimento Woke adota a ideia de que muitas das verdades que consideramos "reais" são, na verdade, construções sociais. Gênero, raça, e até mesmo o conceito de "normalidade" são questionados como sendo produtos de estruturas de poder que beneficiam certos grupos em detrimento de outros. Aqui, o movimento segue a tradição do pós-estruturalismo, que busca desconstruir essas construções.

A Realidade Objetiva vs. Realidade Percebida: No entanto, ao desconstruir essas "realidades", o movimento Woke também cria suas próprias realidades percebidas, que podem ser igualmente questionadas. Por exemplo, o que significa ser "woke" em um mundo onde o termo é constantemente reapropriado por diferentes grupos com diferentes agendas? A realidade do movimento é, portanto, fluida e contestada, levantando a pergunta:

*"O que é realmente o movimento Woke?"*

O Paradoxo da Realidade Woke: Um dos paradoxos centrais que este livro explora é como o movimento Woke, ao tentar libertar indivíduos das construções sociais opressivas, pode acabar impondo novas normas e realidades igualmente restritivas. Esse paradoxo levanta questões filosóficas profundas sobre a natureza do poder e da liberdade. Se a realidade é algo que pode ser constantemente reescrita, quem tem o poder de escrever essas novas realidades? E essas novas realidades são mais justas ou apenas diferentes?

*Definindo o Movimento Woke*

Antes de mergulharmos em nossa tese central, é essencial entender o que é o movimento Woke. Apesar de ser amplamente discutido, o termo "Woke" tem significados variados e, muitas vezes, contraditórios. Originalmente, "Woke" significava estar "acordado" para as injustiças sociais, especialmente no contexto do racismo e dos direitos civis. Hoje, o termo abrange uma ampla gama de questões, desde direitos LGBTQ+ até questões ambientais.

No entanto, com essa expansão, o movimento Woke também se tornou um campo de batalha ideológico, onde diferentes grupos lutam para definir e controlar seu significado. Este livro argumenta que, dentro dessa luta, setores da direita viram uma oportunidade. Ao adotar e adaptar o discurso Woke, esses grupos não apenas se protegeram de críticas, mas também conseguiram promover uma agenda que, em muitos aspectos, se alinha com os valores e práticas tradicionais da direita.

*A Tese Central: Woke como Movimento de Direita*

O argumento central deste livro é que o movimento Woke, longe de ser uma força exclusivamente progressista, tem sido cooptado e redirecionado por interesses de direita. A tese que desenvolvemos é que, ao enfatizar políticas de identidade e cultura, o movimento Woke desvia a atenção das críticas mais profundas às desigualdades econômicas e estruturais — uma estratégia que beneficia aqueles que buscam manter o status quo.

Além disso, ao impor novas normas sociais e

culturais, o movimento Woke pode ser visto como uma ferramenta de controle social, semelhante às práticas autoritárias que tradicionalmente associamos à direita. Assim, o livro explora como o movimento Woke, em sua forma atual, pode estar perpetuando, e não desafiando, as mesmas dinâmicas de poder que afirma combater.

## Contextualização Histórica do Movimento Woke como um Movimento Tradicionalmente Associado à Esquerda

O movimento Woke, hoje amplamente reconhecido por sua ênfase na justiça social e na defesa dos direitos das minorias, é frequentemente associado à esquerda política. Esta associação, no entanto, não é meramente uma questão de retórica ou posicionamento político; ela tem raízes profundas em correntes filosóficas e teóricas que emergiram no século XX, particularmente no pós-positivismo e no pós-estruturalismo.

### Pós-Positivismo: A Crítica das Narrativas Universais

O pós-positivismo surgiu como uma resposta crítica ao positivismo, que dominou grande parte das ciências sociais e naturais no século XIX e início do século XX. O positivismo acreditava na possibilidade de alcançar verdades universais e objetivas por meio da observação empírica e da razão. No entanto, o pós-positivismo questionou essa premissa, argumentando que todo conhecimento é, em alguma medida, condicionado por contextos sociais, culturais e históricos.

Esse movimento filosófico rejeitou a ideia de

uma verdade absoluta, sugerindo que as "verdades" são sempre parciais e sujeitas a revisões constantes. O movimento Woke absorveu essa visão ao defender que as experiências e vozes marginalizadas devem ser reconhecidas como igualmente válidas e que as verdades dominantes, frequentemente construídas por grupos no poder, precisam ser constantemente questionadas e desafiadas.

A partir dessa perspectiva, o movimento Woke se posiciona contra as "grandes narrativas" que tradicionalmente excluem ou minimizam as experiências de minorias, argumentando que essas narrativas são construídas para manter o poder e a hegemonia de certos grupos sociais. No entanto, é importante questionar: ao desafiar essas grandes narrativas, o movimento Woke cria novas "verdades" que também precisam ser submetidas ao escrutínio?

*Pós-Estruturalismo: Desconstrução e Poder*

Enquanto o pós-positivismo questionava a objetividade e a universalidade do conhecimento, o pós-estruturalismo, influenciado por pensadores como Michel Foucault, Jacques Derrida e Jean-François Lyotard, aprofundou a crítica às estruturas de poder e ao modo como a sociedade organiza e transmite o conhecimento.

Foucault, em particular, explorou como o poder permeia todas as relações sociais, não apenas de forma explícita, mas também nas práticas cotidianas e nos discursos. Ele argumentava que o poder não é apenas algo que se exerce de cima para baixo, mas que está presente em todas as interações sociais, moldando o que é considerado verdadeiro e normal. Essa visão é central para o movimento Woke, que busca expor e desafiar as formas sutis e pervasivas de poder que perpetuam a desigualdade e a discriminação.

Derrida, por sua vez, introduziu o conceito de desconstrução, uma prática que envolve a análise crítica dos textos e discursos para revelar as suposições e poderes subjacentes que eles carregam. O movimento Woke aplica essa ideia ao desconstruir discursos tradicionais sobre raça, gênero, e outras formas de identidade, revelando como eles frequentemente servem para manter sistemas de opressão.

No entanto, a aplicação dessas teorias no movimento Woke levanta uma questão filosófica crucial: ao desconstruir as narrativas tradicionais, o movimento Woke está criando novas formas de controle e poder? Será que ao questionar a "realidade" construída pela sociedade, ele também não está impondo uma nova realidade, com suas próprias normas e exclusões?

## Conclusão

A associação do movimento Woke com a esquerda política tem uma base sólida nas tradições do pós-positivismo e do pós-estruturalismo, que fornecem a estrutura teórica para muitas das críticas e práticas do movimento. Essas correntes filosóficas ajudaram a moldar a maneira como o movimento Woke questiona as estruturas de poder e busca amplificar as vozes marginalizadas. No entanto, como este livro propõe, essa história é apenas parte da equação. Ao longo dos capítulos seguintes, exploraremos como essa base teórica também pode ser reinterpretada e cooptada por interesses que não são necessariamente progressistas, lançando uma nova luz sobre o que realmente é o movimento Woke.

## Visão Geral da Tese do Livro: Como o Woke Pode Ser Interpretado como um Movimento de Direita

A associação do movimento Woke com a esquerda é amplamente aceita, dada sua ênfase na justiça social, direitos das minorias e igualdade. No entanto, este livro desafia essa visão convencional, propondo que o movimento Woke, em sua forma contemporânea, pode ser interpretado como um movimento que, na prática, serve aos interesses da direita política. Essa tese é provocativa e complexa, exigindo uma análise detalhada dos mecanismos pelos quais o Woke pode, intencionalmente ou não, alinhar-se com os objetivos da direita.

## 1. Cooptamento e Reapropriação do Discurso Woke

Uma das principais formas pelas quais o movimento Woke pode ser interpretado como de direita é através do processo de cooptamento e reapropriação. O que começou como um movimento genuíno para desafiar as estruturas de poder e amplificar as vozes marginalizadas foi, em muitos casos, adotado por instituições e figuras associadas à direita. Isso não ocorreu de forma acidental; ao invés disso, a direita viu na popularidade do movimento Woke uma oportunidade estratégica.

Corporações e Virtue Signaling: Muitas corporações adotaram a retórica Woke para construir uma imagem de inclusividade e progressismo, enquanto continuam a perpetuar práticas que beneficiam economicamente a elite e mantêm as desigualdades estruturais. Essas empresas, ao usar slogans e campanhas Woke, podem estar mais preocupadas com a manutenção do lucro e com o apelo a consumidores jovens do que com uma mudança social genuína. Ao adotar o discurso Woke, elas mascaram suas práticas capitalistas sob uma fachada de justiça social, algo que está em perfeita consonância com os interesses da direita econômica.

Políticos de Direita e o Uso Estratégico do Woke: Alguns políticos de direita adotaram a retórica Woke para suavizar suas imagens públicas, especialmente em um momento em que o apelo a eleitores jovens e minorias é crucial. Ao fazê-lo, esses políticos podem se distanciar de posições abertamente conservadoras sem comprometer suas políticas reais, que continuam a favorecer interesses conservadores. Essa reapropriação do Woke serve para desviar a atenção das críticas econômicas e redistributivas, mantendo o foco em questões culturais e identitárias, que são menos ameaçadoras para o status quo.

2. Políticas de Identidade como Ferramenta de Divisão

O movimento Woke coloca grande ênfase nas políticas de identidade, abordando questões relacionadas a raça, gênero, sexualidade e outras formas de identidade pessoal. Embora essas questões sejam indiscutivelmente importantes, o foco exagerado nelas pode desviar a atenção de questões mais amplas de classe e desigualdade econômica, que são frequentemente o foco da crítica tradicional da esquerda.

Fragmentação Social: Ao concentrar-se intensamente nas políticas de identidade, o movimento Woke pode inadvertidamente fragmentar a solidariedade social. Grupos que poderiam estar unidos em torno de questões econômicas ou políticas de ampla escala acabam divididos em subgrupos menores, focados em suas próprias identidades e interesses específicos. Essa fragmentação é benéfica para a direita, pois enfraquece a capacidade de mobilização em torno de uma agenda comum que poderia desafiar as estruturas de poder existentes.

Desvio do Foco Econômico: A insistência nas políticas de identidade pode levar a uma marginalização das questões econômicas, que são centrais para a crítica da esquerda. Ao manter o debate político focado em questões culturais e simbólicas, a direita consegue evitar confrontos mais diretos sobre redistribuição de riqueza, justiça econômica e a reforma das estruturas capitalistas.

## 3. Controle Social e Autoritarismo

Um aspecto controverso do movimento Woke é sua associação com a cultura do cancelamento e o policiamento da expressão. Essas práticas, que envolvem a censura ou ostracismo de indivíduos que divergem das normas Woke, podem ser vistas como formas de controle social que refletem aspectos autoritários.

Imposição de Normas e Controle: A cultura do cancelamento pode ser interpretada como uma tentativa de impor um conjunto específico de normas sociais e ideológicas. Embora isso possa parecer uma ferramenta progressista de justiça, na prática, pode criar um ambiente de medo e conformidade, onde o debate aberto e a diversidade de pensamento são suprimidos. Esse tipo de controle social é característico de regimes autoritários, historicamente associados à direita.

Paralelos com o Conservadorismo: Há paralelos entre a imposição de normas Woke e a aplicação de normas sociais rígidas tradicionalmente defendidas por conservadores. Ambos os casos envolvem o policiamento do comportamento e das ideias, sugerindo que o movimento Woke, em vez de libertar, pode estar criando novas formas de opressão e controle.

4. ESG e DEI: Ferramentas de Manutenção do Status Quo

Os critérios ESG (Environmental, Social, and Governance) e as práticas DEI (Diversity, Equity, and Inclusion) são frequentemente associados ao movimento Woke no ambiente corporativo. Embora essas iniciativas possam parecer progressistas, elas também podem ser vistas como ferramentas para manter o status quo, favorecendo as elites econômicas sob uma fachada de responsabilidade social.

ESG como Virtue Signaling: A adoção de métricas ESG por corporações e investidores pode ser vista como uma forma de virtue signaling, onde as empresas se apresentam como responsáveis e éticas sem realizar mudanças significativas em suas práticas fundamentais. Isso permite que as empresas continuem lucrando enquanto evitam críticas severas, mantendo o apoio tanto de consumidores quanto de investidores preocupados com a imagem social.

DEI como Cooptamento: As práticas DEI dentro das empresas podem ser cooptadas para apresentar uma imagem de inclusividade e progresso, enquanto, na realidade, as estruturas de poder e privilégio dentro dessas organizações permanecem inalteradas. Essa abordagem superficial à diversidade e inclusão pode ser vista como uma estratégia de controle, evitando uma mudança real enquanto perpetua as desigualdades existentes.

## Conclusão da Tese

Esta visão geral estabelece as bases para a tese central do livro: o movimento Woke, apesar de suas origens e intenções, pode ser reinterpretado como um movimento que, em última análise, serve aos interesses da direita. Ao focar em políticas de identidade, desviar a atenção das questões econômicas e adotar práticas de controle social, o movimento Woke pode estar mais alinhado com a preservação do status quo e com os interesses das elites do que com a transformação social genuína.

Nos capítulos que se seguem, exploraremos essas ideias em maior profundidade, oferecendo exemplos concretos e análises detalhadas para sustentar essa reinterpretação do movimento Woke. O objetivo é desafiar as percepções convencionais e abrir um novo debate sobre o papel do Woke na política contemporânea.

# CAPÍTULO 1

# A Gênese do Movimento Woke

## *Origem e evolução do termo "Woke".*

Há um grupo seleto de pessoas que acredita que o movimento Woke surgiu nos meios acadêmicos dos Estados Unidos. É curioso pensar que o país mais capitalista do mundo deu origem a um movimento amplamente considerado de esquerda. Mas, de fato, o Wokeismo surgiu nesses círculos acadêmicos, embora não como uma "luta pela liberdade, igualdade e etc." O Woke começou como um produto para que as grandes empresas pudessem balançar a bandeira da virtude enquanto mantinham suas práticas de mercado intactas e continuavam a prosperar em um sistema que, na verdade, perpetua as desigualdades que o movimento originalmente se propunha a combater.

Com o tempo, o termo "Woke" evoluiu e foi apropriado por diferentes grupos e interesses, tanto dentro quanto fora dos meios acadêmicos. Originalmente, "Woke" era uma gíria afro-americana que significava estar "acordado" ou "consciente" das injustiças sociais, especialmente relacionadas ao racismo e à discriminação. Essa consciência crítica foi inicialmente promovida por acadêmicos, ativistas e pensadores progressistas que buscavam expor e combater as opressões estruturais na sociedade americana.

No entanto, à medida que o termo e as ideias associadas a ele ganharam popularidade, especialmente nas redes sociais e na mídia, o Woke passou por uma transformação. Empresas, corporações e figuras públicas começaram a adotar a retórica Woke, muitas vezes de forma superficial, como uma estratégia de marketing para se alinhar com as tendências culturais e atrair consumidores que valorizam a justiça social. Isso resultou no que muitos críticos chamam de "virtue signaling" — uma prática onde a preocupação com a justiça social é exibida como um símbolo de status, mas sem um compromisso real com mudanças estruturais.

Essa cooptação do termo "Woke" também facilitou sua reinterpretação por grupos com diferentes agendas. Enquanto alguns ainda veem o movimento como uma força para a mudança social progressiva, outros argumentam que ele foi transformado em uma ferramenta para o controle social, fragmentação da solidariedade e manutenção do status quo. O que começou como uma chamada para a conscientização e a justiça foi, em muitos casos, distorcido em algo que serve aos interesses daqueles que o movimento originalmente pretendia desafiar.

Em resumo, a origem e evolução do termo "Woke" refletem uma trajetória complexa, onde um conceito inicialmente enraizado na luta contra a opressão foi transformado em um instrumento de poder, tanto para a esquerda quanto para a direita, mas talvez mais eficazmente para aqueles que buscam manter as estruturas econômicas e sociais existentes.

*Análise do surgimento do movimento no contexto do pós-positivismo e pós-estruturalismo.*

Nas primeiras páginas, vimos um pouco sobre pós-positivismo e pós-estruturalismo, mas agora vamos aprofundar mais nesse mundo filosófico que tanto influenciou o surgimento e a evolução do movimento Woke. Essas correntes de pensamento forneceram a base teórica que permitiu que o Woke emergisse como uma força cultural e política significativa, especialmente nos círculos acadêmicos dos Estados Unidos.

Pós-Positivismo: Questionando as Verdades Universais

O pós-positivismo surgiu como uma reação crítica ao positivismo, que dominou o pensamento científico e filosófico durante o século XIX e início do século XX. O positivismo acreditava na possibilidade de alcançar verdades universais e objetivas por meio do método científico, supondo que o conhecimento poderia ser separado das influências subjetivas e sociais.

No entanto, o pós-positivismo desafiou essa visão ao argumentar que todo conhecimento é, em alguma medida, influenciado por contextos históricos, culturais e sociais. Essa corrente filosófica sugere que as "verdades" não são absolutas, mas sim construções que refletem as relações de poder em uma determinada sociedade. Isso abriu caminho para a valorização das experiências e perspectivas que foram tradicionalmente marginalizadas ou ignoradas pela ciência e pela sociedade dominante.

O movimento Woke, em grande parte, adotou essa crítica às verdades universais, argumentando que muitas das normas e crenças sociais são, na verdade, construções que beneficiam certos grupos em detrimento de outros. Por exemplo, conceitos como raça e gênero são vistos pelo Woke como produtos de construções sociais que refletem e perpetuam desigualdades de poder. O Woke, portanto, se posiciona como uma força para desconstruir essas "verdades" e revelar as opressões ocultas nas normas sociais e culturais estabelecidas.

Pós-Estruturalismo: Desconstruindo o Poder e o Conhecimento

Enquanto o pós-positivismo desafiava a ideia de verdades universais, o pós-estruturalismo foi ainda mais longe ao desconstruir as próprias estruturas de poder e conhecimento que sustentam essas verdades. Influenciado por pensadores como Michel Foucault, Jacques Derrida e Jean-François Lyotard, o pós-estruturalismo rejeita a ideia de uma estrutura fixa ou estável que define a realidade. Em vez disso, argumenta que a realidade é fluida, composta de múltiplos discursos e narrativas que competem entre si.

Michel Foucault, em particular, foi fundamental para a ideia de que o poder não é algo que está apenas nas mãos de alguns, mas está distribuído em toda a sociedade e opera através de discursos que moldam o que é considerado verdade e normal. O movimento Woke adotou essa crítica do poder para desafiar as narrativas dominantes sobre raça, gênero, sexualidade e outras formas de identidade. Através da desconstrução dessas narrativas, o Woke busca expor como elas servem para manter estruturas de poder que perpetuam a opressão e a desigualdade.

Jacques Derrida introduziu a prática da desconstrução, uma metodologia que envolve a análise crítica de textos e discursos para revelar as suposições subjacentes e as hierarquias ocultas de poder. No contexto do movimento Woke, essa abordagem é utilizada para questionar e reverter as narrativas tradicionais que têm sido usadas para justificar a discriminação e a exclusão. Por exemplo, a desconstrução das normas de gênero e sexualidade permitiu ao movimento Woke desafiar as expectativas tradicionais e promover uma maior inclusão e diversidade.

Jean-François Lyotard, por outro lado, é conhecido por sua crítica às "grandes narrativas" ou metanarrativas — histórias abrangentes que as sociedades contam a si mesmas para legitimar suas instituições e práticas. Ele argumentou que, na era pós-moderna, as grandes narrativas perderam sua credibilidade e foram substituídas por uma pluralidade de narrativas menores e concorrentes. O movimento Woke exemplifica essa ruptura com as grandes narrativas, ao promover uma variedade de vozes e experiências que desafiam as histórias dominantes sobre raça, gênero, e poder.

O Impacto do Pós-Positivismo e Pós-Estruturalismo no Movimento Woke

O impacto dessas correntes filosóficas no movimento Woke é profundo. O pós-positivismo forneceu as ferramentas para questionar as verdades universais e destacar a importância das perspectivas marginalizadas. O pós-estruturalismo, por sua vez, ofereceu a metodologia para desconstruir as narrativas dominantes e expor as relações de poder que sustentam essas narrativas.

No entanto, essa base teórica também levanta questões complexas sobre o próprio movimento Woke. Ao rejeitar as grandes narrativas e promover uma multiplicidade de vozes, o movimento corre o risco de fragmentar a solidariedade social, tornando mais difícil a construção de um projeto político coeso. Além disso, a desconstrução constante das normas sociais pode levar a uma incerteza sobre o que é "real", criando um ambiente onde qualquer tentativa de estabelecer uma nova ordem social é imediatamente suspeita de reproduzir as mesmas estruturas de poder que se pretende combater.

### Conclusão: O Paradoxo do Woke

A análise do surgimento do movimento Woke no contexto do pós-positivismo e do pós-estruturalismo revela tanto sua força quanto suas fraquezas. Essas correntes filosóficas permitiram que o Woke desafiasse as estruturas de poder e ampliasse o debate sobre justiça social, mas também introduziram uma série de paradoxos e dilemas. O que começou como uma crítica radical ao status quo pode, em última análise, estar contribuindo para a manutenção desse status quo, ao fragmentar a sociedade e criar novas formas de controle social.

Nos capítulos seguintes, exploraremos como

esses paradoxos se manifestam na prática e como o movimento Woke, apesar de sua retórica progressista, pode ser reinterpretado como uma força que serve, em muitos aspectos, aos interesses da direita.

## *Discussão sobre como essas Correntes Filosóficas Influenciaram o Pensamento Woke*

O pensamento Woke, como o conhecemos hoje, não surgiu de um vácuo. Ele foi profundamente moldado por várias correntes filosóficas, entre as quais o pós-positivismo e o pós-estruturalismo desempenham papéis fundamentais. Essas filosofias questionaram as fundações do conhecimento e do poder, proporcionando a base teórica para muitas das ideias que o movimento Woke adota e promove.

### Pós-Positivismo: A Rejeição das Verdades Absolutas

O pós-positivismo, com sua rejeição das verdades absolutas e sua insistência em que todo conhecimento é condicionado pelo contexto social e histórico, deu ao movimento Woke uma ferramenta poderosa para questionar as "verdades" aceitas pela sociedade. Esta corrente filosófica incentivou o Woke a desafiar as narrativas dominantes sobre raça, gênero, classe, e outras categorias sociais, argumentando que estas são, em grande parte, construções sociais que refletem as relações de poder vigentes.

Valorização das Experiências Marginalizadas: Uma das principais influências do pós-positivismo no pensamento Woke é a valorização das experiências e vozes marginalizadas. O pós-positivismo argumenta que as perspectivas daqueles que foram historicamente excluídos das esferas de poder são essenciais para uma compreensão mais completa e justa da realidade. O movimento Woke adota essa perspectiva ao insistir que as experiências de grupos marginalizados devem ser centralizadas nos debates sobre justiça social.

Questionamento das Narrativas Dominantes: O pensamento Woke, influenciado pelo pós-positivismo, vê as narrativas dominantes como construções que beneficiam certos grupos em detrimento de outros. Isso levou a uma postura crítica em relação às normas e valores estabelecidos, que são vistos como mecanismos para manter as desigualdades sociais. O Woke, portanto, se posiciona como um movimento que busca desconstruir essas narrativas e substituir as "verdades" tradicionais por uma multiplicidade de perspectivas que reflitam a diversidade da experiência humana.

Pós-Estruturalismo: Desconstrução e Poder

O pós-estruturalismo teve uma influência ainda mais direta no pensamento Woke, particularmente através das ideias de desconstrução e análise das relações de poder. Esta corrente filosófica rejeita a ideia de estruturas estáveis e universais, sugerindo que o poder opera de maneiras complexas e muitas vezes ocultas nas práticas e discursos sociais.

Desconstrução das Identidades:

Uma das contribuições mais significativas do pós-estruturalismo para o pensamento Woke é a ideia de que as identidades (como raça, gênero, e sexualidade) não são essências fixas, mas construções sociais que podem e devem ser desconstruídas. Essa visão permite ao movimento Woke desafiar as categorias tradicionais de identidade, promovendo uma visão mais fluida e inclusiva da individualidade.

Análise do Discurso e do Poder: Inspirado por Foucault, o movimento Woke adota a análise do discurso como uma ferramenta central para entender como o poder se manifesta nas relações sociais. O Woke vê o discurso — as formas como falamos e pensamos sobre o mundo — como um campo de batalha onde o poder é negociado e exercido. Ao desconstruir os discursos tradicionais, o Woke procura revelar as formas como eles perpetuam a opressão e a desigualdade.

Relativismo e Pluralidade:

O pós-estruturalismo também introduziu no pensamento Woke a ideia de que não há uma única verdade ou narrativa que possa explicar completamente a realidade. Em vez disso, há uma pluralidade de perspectivas que coexistem e competem entre si. Isso se reflete na maneira como o movimento Woke valoriza a diversidade de vozes e experiências, vendo-as como fundamentais para a construção de uma sociedade mais justa e inclusiva.

O Impacto e as Implicações dessas Influências

A incorporação das ideias pós-positivistas e pós-estruturalistas no pensamento Woke teve um impacto profundo, permitindo ao movimento desafiar as normas sociais e culturais de maneiras inovadoras. No entanto, essas influências também trouxeram consigo uma série de desafios e dilemas.

Fragmentação e Divisão:

A insistência na desconstrução das identidades e na pluralidade de narrativas pode levar à fragmentação social, onde a solidariedade coletiva é substituída por uma multiplicidade de grupos identitários que competem por reconhecimento. Isso pode enfraquecer os movimentos de justiça social ao dividir a base de apoio em subgrupos menores e potencialmente conflitantes.

Relativismo Moral:

O relativismo introduzido pelo pós-estruturalismo pode gerar um ambiente onde qualquer tentativa de estabelecer normas ou valores compartilhados é vista com desconfiança. Isso pode criar dificuldades para a formulação de políticas e ações coletivas, uma vez que a ausência de uma verdade ou moralidade universal dificulta a criação de consenso.

Controle Social:

A crítica ao poder e à verdade que o Woke herdou do pós-estruturalismo pode, paradoxalmente, levar a novas formas de controle social. Ao impor novas normas sociais e culturais, o movimento pode estar recriando as mesmas estruturas de opressão que originalmente pretendia desmantelar.

Conclusão

As influências do pós-positivismo e do pós-estruturalismo no pensamento Woke são inegáveis. Essas correntes filosóficas proporcionaram ao movimento as ferramentas para questionar e desafiar as normas sociais e culturais de maneira profunda e inovadora. No entanto, ao adotar essas filosofias, o Woke também herdou seus paradoxos e desafios. O movimento se vê constantemente em um delicado equilíbrio entre a desconstrução das velhas estruturas de poder e a criação de novas normas que podem, por sua vez, se tornar opressivas. Essa tensão é central para a análise crítica do Woke e será explorada mais a fundo nos capítulos seguintes deste livro.

# CAPÍTULO 2

# Cooptando Movimentos Sociais – O Papel da Direita

## Cooptando Movimentos
## Sociais – O Papel da Direita

O produto pelo produto, nada além do produto. Vamos entender os acontecimentos na prática. Veja, por exemplo, como a Disney tem feito uma série de mudanças em seus personagens, substituindo-os por versões diferentes das presentes nos livros e nas histórias originais. Talvez o que você não saiba é que essa prática é meramente uma estratégia de mercado, voltada para capitalizar em cima das tendências culturais e sociais contemporâneas, sem um verdadeiro compromisso com a mudança social ou com os valores que esses personagens atualizados supostamente representam.

Essa estratégia exemplifica como grandes corporações, muitas vezes alinhadas com interesses econômicos conservadores, cooptam movimentos sociais e ideias progressistas, como as do movimento Woke, para promover seus próprios produtos e maximizar lucros. Ao fazer isso, elas transformam causas genuínas de justiça social em mercadorias — um "produto pelo produto", sem substância além da aparência superficial de inclusão e diversidade.

A Disney, assim como muitas outras empresas, tem adotado práticas que visam incluir personagens que representem diversas identidades raciais, de gênero, e de orientação sexual. Embora essa mudança seja frequentemente apresentada como um avanço em termos de representatividade, ela também serve a um propósito comercial claro: atrair novos públicos e se alinhar com as demandas culturais de consumidores mais jovens e socialmente conscientes. No entanto, essas representações muitas vezes carecem de profundidade e não refletem um compromisso real com as causas que pretendem apoiar.

Isso é o que chamamos de "virtue signaling" — a exibição pública de virtude sem um compromisso genuíno. As empresas, ao adotarem essa abordagem, procuram melhorar sua imagem e aumentar sua aceitação social, sem, no entanto, promover mudanças substanciais em suas práticas internas ou no sistema econômico que perpetua as desigualdades que o movimento Woke originalmente busca combater.

Ao cooptar essas ideias progressistas, a direita — especialmente em sua forma corporativa e capitalista — consegue desviar o foco das críticas mais profundas às estruturas de poder e redistribuição de riqueza, enquanto parece estar alinhada com os valores de justiça social. Esse processo de cooptamento não apenas dilui a mensagem original do movimento Woke, mas também a transforma em uma ferramenta que pode ser utilizada para perpetuar o status quo, mascarando as verdadeiras intenções com uma fachada de progresso e modernidade.

Assim, o que vemos não é uma genuína transformação social, mas sim uma adaptação superficial às demandas culturais, feita para garantir que o poder econômico e social permaneça nas mãos daqueles que sempre o detiveram. A inclusão de personagens diversos em filmes e séries, sem um contexto ou substância real, serve como um exemplo claro de como o movimento Woke pode ser utilizado para manter o status quo, em vez de desafiá-lo.

## *Adoção e adaptação do discurso*
## *Woke por setores da direita.*

Nos exemplos citados acima, como o da Disney, podemos seguir a seguinte linha de raciocínio: a Disney cria um filme supostamente representativo, promovendo a inclusão de personagens que refletem a diversidade racial, de gênero, e cultural. Este é o momento em que a direita capitalista age de maneira estratégica. O jovem pobre e periférico vai ao cinema assistir ao filme e se sente representado na tela, vendo personagens que se assemelham a ele em termos de aparência ou identidade. No entanto, esse mesmo jovem enfrenta uma realidade onde não tem acesso a necessidades básicas, como saneamento básico, educação de qualidade, oportunidades de emprego ou acesso a faculdades.

Esse é o ponto central da questão: a direita capitalista, ao adotar e adaptar o discurso Woke, cria um sentimento de conexão superficial, oferecendo representatividade nas narrativas culturais, mas ao mesmo tempo despreza o indivíduo em sua essência, ignorando as condições materiais que realmente moldam sua vida.

Essa estratégia funciona de maneira

eficaz porque atende ao desejo legítimo de reconhecimento e visibilidade dos grupos marginalizados, enquanto desvia a atenção das questões estruturais que perpetuam a desigualdade. A representatividade cultural, embora importante, é usada como um substituto para as verdadeiras mudanças sociais e econômicas que seriam necessárias para melhorar as condições de vida dessas populações.

Ao criar esse sentimento de conexão superficial, a direita capitalista pode parecer inclusiva e progressista, enquanto, na prática, continua a apoiar políticas e sistemas que mantêm as desigualdades socioeconômicas intactas. A promessa de inclusão e representatividade no cinema e na mídia não se traduz em mudanças reais nas políticas públicas ou na redistribuição de recursos que poderiam transformar a vida daqueles que se sentem representados na tela.

Em outras palavras, a direita capitalista utiliza a linguagem e as imagens do Woke para construir uma narrativa que parece progressista, mas que na verdade serve para manter o status quo. Ao oferecer uma representatividade superficial, sem abordar as causas profundas da desigualdade, ela reforça um sistema onde o poder econômico e social permanece concentrado nas mãos de poucos.

*Estratégias de cooptamento utilizadas para parecer mais acolhedores e inclusivos.*

Em termos estratégicos, a direita domina. Ela cria cenários capitalistas e a esquerda, muitas vezes, replica essa estratégia sem perceber. A direita foi a primeira a explorar e dominar a internet, aprendendo rapidamente as dinâmicas e os mecanismos de entendimento que essa nova plataforma oferecia. A esquerda só veio a compreender esses meios anos depois, mas ainda enfrenta dificuldades em se adaptar plenamente a essa nova realidade.

No caso da Disney, vimos um exemplo claro de falso acolhimento. A empresa parece promover inclusão e diversidade, mas na realidade, essas ações servem mais como estratégias de marketing do que como um verdadeiro compromisso com a mudança social.

Não é interessante pensar que até mesmo canais de crítica, como perfis no Twitter dedicados a criticar práticas corporativas ou políticas, no final das contas, podem servir como mecanismos de captura? Tudo isso faz parte de uma estratégia maior. Ao permitir ou até mesmo incentivar essas críticas superficiais, a direita capitalista consegue se posicionar como "acolhedora" e "aberta ao diálogo", enquanto continua a operar sem mudanças significativas em suas práticas fundamentais.

Essa estratégia de cooptamento não se limita à criação de produtos ou conteúdos aparentemente inclusivos; ela se estende à manipulação do discurso público. A direita capitalista permite que críticas sejam feitas, desde que essas críticas não desafiem o sistema de forma significativa. Na verdade, essas críticas podem ser usadas para legitimar ainda mais o status quo, dando a impressão de que a sociedade é inclusiva e aberta ao debate, quando, na realidade, as estruturas de poder permanecem inalteradas.

Ao dominar o espaço digital e a narrativa pública, a direita capitalista consegue moldar a percepção das massas, criando uma ilusão de progresso e acolhimento. Ela captura até mesmo os instrumentos de crítica, neutralizando a capacidade de contestação genuína e transformando o descontentamento em uma ferramenta que reforça, em vez de desafiar, as hierarquias existentes.

Essa abordagem calculada permite que a direita capitalista continue a expandir seu poder e influência, enquanto a esquerda luta para entender as complexidades e nuances desse novo campo de batalha. No final, o que parece ser um movimento em direção à inclusão e ao acolhimento é, na verdade, uma estratégia habilmente disfarçada para preservar o poder e manter as estruturas econômicas e sociais que beneficiam a elite.

## *Exemplos de Figuras e Grupos de Direita que Adotam a Retórica Woke*

Nos últimos anos, vimos um fenômeno intrigante em que figuras e grupos tradicionalmente associados à direita começaram a adotar a retórica do movimento Woke. Embora o Woke seja amplamente associado à esquerda progressista, esses setores da direita encontraram maneiras de utilizar os princípios e a linguagem do Woke para promover suas próprias agendas, muitas vezes de forma que subverte ou neutraliza os objetivos originais do movimento.

1. Políticos Conservadores que Usam a Retórica Woke para Suavizar Imagem

Alguns políticos conservadores perceberam o valor estratégico de adotar a retórica Woke para suavizar suas imagens e se apresentar como mais inclusivos e progressistas. Isso é particularmente comum em contextos onde a popularidade do Woke entre eleitores jovens e minorias é alta.

Exemplo: Boris Johnson (Reino Unido): O primeiro-ministro britânico Boris Johnson, conhecido por suas posições conservadoras, adotou uma retórica mais inclusiva em certos momentos de seu mandato, especialmente em questões de raça e diversidade. Embora seu governo tenha sido acusado de políticas que perpetuam desigualdades, Johnson fez esforços públicos para alinhar-se com os princípios Woke, como apoiar eventos de celebração da diversidade ou nomear ministros de diversas origens étnicas para cargos importantes. Essas ações, embora simbólicas, ajudam a suavizar a imagem de seu governo e a atrair eleitores que valorizam a diversidade.

Exemplo: Marco Rubio (EUA): O senador norte-americano Marco Rubio, um republicano conservador, em alguns discursos e iniciativas, tem se mostrado favorável a certas causas que se alinham à retórica Woke, como a defesa dos direitos das minorias religiosas ou imigrantes. Ao fazer isso, Rubio se posiciona como alguém que valoriza a inclusão e os direitos humanos, ao mesmo tempo em que continua a apoiar políticas conservadoras que não necessariamente refletem os valores progressistas do Woke.

2. Corporativismo e a Adoção da Retórica Woke

Grandes corporações, muitas das quais operam com uma lógica capitalista profundamente conservadora, têm adotado a retórica Woke para manter sua relevância no mercado e apelar para consumidores mais jovens e socialmente conscientes. Essas empresas, ao usar a linguagem do Woke, conseguem promover uma imagem de progresso e inclusão, enquanto continuam a operar de maneiras que reforçam as desigualdades econômicas.

Exemplo: Amazon: A Amazon, uma das maiores corporações do mundo, tem sido criticada por suas práticas trabalhistas, incluindo condições de trabalho precárias e resistência a sindicatos. No entanto, a empresa tem sido ativa em promover uma imagem Woke, apoiando publicamente movimentos como o Black Lives Matter e implementando políticas internas de diversidade e inclusão. Essa adoção da retórica Woke ajuda a Amazon a manter uma imagem positiva entre consumidores que valorizam a justiça social, mesmo que suas práticas comerciais não reflitam totalmente esses valores.

Exemplo: Nike: A Nike tem sido um exemplo proeminente de uma empresa que usa a retórica Woke para fortalecer sua marca. Com campanhas publicitárias que destacam figuras como Colin Kaepernick, a Nike se posiciona como uma defensora da justiça racial e da igualdade. No entanto, a empresa continua a enfrentar críticas por práticas de exploração laboral em suas fábricas no exterior. A adoção da retórica Woke, portanto, serve como uma estratégia para fortalecer sua imagem pública e aumentar as vendas, sem necessariamente abordar as questões sistêmicas em sua cadeia de suprimentos.

### 3. Movimentos Políticos de Direita que Incorporam a Retórica Woke

Além de indivíduos e corporações, alguns movimentos políticos de direita têm incorporado a retórica Woke como uma maneira de atrair novos seguidores e legitimar suas agendas.

Exemplo: Partido Conservador do Canadá: O Partido Conservador do Canadá, tradicionalmente associado a políticas conservadoras, tem adotado uma linguagem Woke em certas áreas, como direitos LGBTQ+ e diversidade étnica. Isso é visto como uma estratégia para se conectar com eleitores mais jovens e urbanos, sem alienar sua base tradicional. Ao fazer isso, o partido tenta se posicionar como uma opção moderna e inclusiva, enquanto mantém suas políticas econômicas conservadoras.

Exemplo: Alternativa para a Alemanha (AfD): Embora o AfD seja amplamente reconhecido como um partido de extrema direita, com posições nacionalistas e anti-imigração, ele tem ocasionalmente adotado uma retórica que sugere um compromisso com a proteção de minorias culturais e religiosas, desde que sejam vistas como parte da "cultura ocidental". Essa retórica é utilizada para suavizar sua imagem e apelar a eleitores que podem ser atraídos pela promessa de proteger certas liberdades culturais, ao mesmo tempo em que o partido continua a promover uma agenda nacionalista e anti-imigração.

Conclusão

Esses exemplos mostram como figuras e grupos de direita têm adotado a retórica Woke como uma estratégia para alcançar objetivos que podem, na prática, estar em desacordo com os valores progressistas do movimento. Ao usar a linguagem da inclusão e da diversidade, esses atores conseguem suavizar suas imagens, ampliar sua base de apoio e, em muitos casos, continuar a promover políticas que mantêm as desigualdades e as estruturas de poder existentes.

Essa adoção e adaptação da retórica Woke pela direita não apenas subverte os objetivos originais do movimento, mas também revela como o discurso progressista pode ser cooptado para servir a interesses conservadores. Em vez de promover uma mudança social significativa, essa estratégia muitas vezes resulta em um reforço do status quo, onde a aparência de progresso é utilizada para mascarar a ausência de mudanças reais.

# CAPÍTULO 3

# Adoção de Políticas de Identidade e Fragmentação Social

# Análise do Foco do Movimento Woke em Políticas de Identidade

O movimento Woke, desde seu surgimento, tem colocado uma ênfase significativa nas políticas de identidade. Este foco é, ao mesmo tempo, uma de suas maiores forças e uma de suas áreas mais controversas. As políticas de identidade tratam das formas como diferentes aspectos da identidade pessoal — como raça, gênero, orientação sexual, e classe social — influenciam as experiências individuais e coletivas de poder e opressão. Embora o foco nas identidades seja crucial para a visibilidade e justiça social de grupos historicamente marginalizados, ele também levanta questões sobre fragmentação social, hierarquias de opressão e o desvio da atenção de outras formas estruturais de desigualdade.

## 1. Definição e Importância das Políticas de Identidade no Woke

As políticas de identidade envolvem a defesa dos direitos e do reconhecimento de grupos que foram tradicionalmente marginalizados e excluídos das estruturas de poder. O movimento Woke tem como um de seus pilares a valorização dessas identidades, destacando a importância de reconhecer e desafiar as formas de opressão que afetam diferentes grupos de maneiras específicas.

Raça: Uma das áreas mais visíveis das políticas de identidade no movimento Woke é a luta contra o racismo e pela igualdade racial. O Woke promove a ideia de que o racismo não é apenas uma questão de atitudes individuais, mas uma estrutura sistêmica que afeta todos os aspectos da vida social e econômica. Nesse contexto, a identidade racial é central para entender como o poder e a opressão operam na sociedade.

Gênero e Sexualidade: O movimento Woke também enfatiza a importância da identidade de gênero e da orientação sexual. Isso inclui a luta pelos direitos das mulheres, das pessoas LGBTQ+, e a desconstrução das normas de gênero que perpetuam a desigualdade. O foco nas políticas de identidade de gênero visa não apenas a igualdade, mas também a validação das identidades e experiências de indivíduos que não se encaixam nas normas tradicionais.

Interseccionalidade: Um conceito central nas políticas de identidade do movimento Woke é a interseccionalidade, que reconhece que diferentes formas de opressão — como racismo, sexismo, e classismo — estão interligadas e se sobrepõem.

A interseccionalidade permite uma compreensão mais complexa das experiências de opressão, considerando como as diferentes identidades de uma pessoa se combinam para moldar suas experiências.

## 2. Forças do Foco nas Políticas de Identidade

O foco nas políticas de identidade trouxe avanços significativos para o movimento Woke, especialmente na forma como ele amplia a conscientização sobre as várias maneiras pelas quais a opressão se manifesta na vida cotidiana.

Visibilidade e Reconhecimento: O movimento Woke tem sido eficaz em dar visibilidade a grupos que historicamente foram ignorados ou silenciados. Ao colocar as políticas de identidade no centro de seu discurso, o Woke contribuiu para o reconhecimento das lutas específicas de diferentes comunidades, gerando maior empatia e compreensão na sociedade em geral.

Capacidade de Mobilização: O foco nas políticas de identidade também tem sido uma ferramenta poderosa para mobilizar indivíduos e grupos. Ao destacar as injustiças que afetam suas identidades específicas, o movimento Woke conseguiu galvanizar apoio e ação em torno de questões como a brutalidade policial, a igualdade de gênero, e os direitos LGBTQ+.

### 3. Críticas e Desafios das Políticas de Identidade no Woke

Apesar dos avanços, o foco nas políticas de identidade também tem sido objeto de críticas, tanto de dentro quanto de fora do movimento.

Fragmentação Social: Uma das críticas mais comuns é que o foco nas identidades pode levar à fragmentação social. Ao enfatizar as diferenças entre grupos, o movimento Woke corre o risco de dividir a solidariedade social, criando subgrupos que competem entre si por reconhecimento e recursos. Essa fragmentação pode enfraquecer movimentos mais amplos de justiça social que exigem unidade em torno de objetivos comuns.

Hierarquia de Opressão: Outro desafio é o que alguns chamam de "hierarquia de opressão", onde certas identidades e formas de opressão são priorizadas sobre outras. Isso pode levar a uma competição por status de vítima e a uma marginalização de questões que não se enquadram nas categorias mais visíveis ou discutidas. Tal hierarquia pode alienar aliados em potencial e limitar o alcance do movimento.

Desvio de Questões Estruturais: Críticos também argumentam que o foco excessivo nas políticas de identidade pode desviar a atenção de questões estruturais mais amplas, como a desigualdade econômica e a luta de classes. Embora as identidades sejam importantes, há uma preocupação de que o movimento Woke, ao concentrar-se nelas, negligencie a necessidade de abordar as raízes sistêmicas da opressão, que afetam a todos de maneiras diferentes, mas interconectadas.

### 4. Implicações Políticas e Sociais do Foco nas Políticas de Identidade

As políticas de identidade, ao mesmo tempo que são uma força mobilizadora, também têm implicações complexas para o movimento Woke e para a política em geral.

Políticas de Representação: O foco na identidade impulsionou políticas de representação, onde a presença de indivíduos de diferentes origens em posições de poder é vista como uma forma de justiça. No entanto, essa representação simbólica pode ser superficial se não for acompanhada de mudanças estruturais. A crítica aqui é que a presença de diversidade não necessariamente traduz-se em poder real para as comunidades representadas.

Cooptamento pela Direita: Como discutido anteriormente, a retórica Woke, centrada nas políticas de identidade, pode ser cooptada por setores da direita para fins que não refletem as intenções originais do movimento. A ênfase na identidade pode ser utilizada para promover uma imagem de inclusividade enquanto se ignoram as questões mais profundas de poder e desigualdade.

## Conclusão

O foco do movimento Woke em políticas de identidade é, sem dúvida, uma de suas características definidoras. Ele trouxe à luz questões importantes sobre representação, opressão e poder, e deu voz a grupos que foram historicamente marginalizados. No entanto, esse foco também apresenta desafios, como a fragmentação social, a criação de hierarquias de opressão, e o desvio da atenção de questões estruturais mais amplas. Para que o movimento Woke alcance seu potencial transformador, ele precisará equilibrar a ênfase nas identidades com uma abordagem mais ampla que considere as interconexões entre diferentes formas de opressão e as estruturas sistêmicas que as perpetuam.

## *Como esse Foco Pode Desviar a Atenção das Questões Estruturais e de Classe*

Vimos alguns exemplos de como essa manipulação acontece, mas vamos desdobrar mais sobre o assunto. O fato de estarmos aqui escrevendo sobre isso, e não sobre outra causa, já é um sinal do quanto o foco nas políticas de identidade pode desviar a atenção das questões estruturais e de classe que são igualmente, senão mais, fundamentais para a compreensão e transformação da sociedade.

### 1. A Superficialidade da Representatividade

Uma das críticas mais comuns ao foco do movimento Woke nas políticas de identidade é que ele pode resultar em uma forma superficial de representatividade. A inclusão de personagens diversos em filmes, séries, ou até mesmo em posições de poder, muitas vezes não aborda as desigualdades estruturais que continuam a existir. Por exemplo, ter uma maior diversidade racial e de gênero em cargos executivos pode ser um avanço simbólico, mas não altera as dinâmicas de poder econômico e as estruturas de classe que perpetuam a desigualdade.

Quando a representatividade é promovida

sem uma análise crítica das estruturas que realmente sustentam a opressão, ela pode ser usada para criar uma ilusão de progresso. Isso pode desviar a atenção da necessidade de reformas sistêmicas, como a redistribuição de riqueza, a reforma do sistema educacional, ou a criação de políticas de bem-estar social que abordem as causas raízes da desigualdade.

### 2. *Divisão e Fragmentação da Solidariedade de Classe*

O foco nas políticas de identidade também pode fragmentar a solidariedade de classe, dividindo potenciais aliados em subgrupos menores que competem por reconhecimento e recursos. Quando a luta pela justiça social é segmentada em várias frentes identitárias, a união necessária para enfrentar questões estruturais de classe pode ser enfraquecida.

Essa divisão é particularmente problemática porque as questões de classe afetam a todos, independentemente de sua identidade individual. Ao focar excessivamente em políticas de identidade, há o risco de ignorar o fato de que muitas das opressões enfrentadas por diferentes grupos têm raízes comuns nas estruturas econômicas e sociais que mantêm o poder nas mãos de poucos.

### 3. *O Papel das Corporações e do Capitalismo*

As corporações, muitas vezes, adotam a

retórica Woke para promover uma imagem de inclusividade e progresso, enquanto continuam a operar dentro das mesmas estruturas capitalistas que perpetuam a desigualdade. Essa adoção superficial da retórica Woke pode desviar a atenção das práticas exploratórias dessas empresas, como baixos salários, falta de benefícios, ou condições de trabalho precárias.

Ao colocar a ênfase na identidade em vez de nas condições materiais, as corporações conseguem neutralizar críticas mais profundas que poderiam ameaçar sua posição de poder econômico. Elas oferecem "diversidade" como um produto, enquanto continuam a lucrar com um sistema que explora trabalhadores de todas as identidades.

### 4. Desvio das Políticas Públicas

Outra consequência do foco nas políticas de identidade é o desvio da atenção das políticas públicas que poderiam efetivamente reduzir a desigualdade de classe. Enquanto o movimento Woke se concentra em garantir que todas as identidades sejam representadas, questões como a saúde pública, a educação, a moradia e a distribuição de renda podem ser colocadas em segundo plano.

Por exemplo, políticas que promovem a diversidade em universidades e locais de trabalho são importantes, mas não devem substituir ou reduzir a urgência de reformas mais abrangentes, como a garantia de acesso universal à educação de qualidade, a reforma tributária para reduzir a desigualdade de renda, ou o fortalecimento das redes de proteção social.

## Conclusão

O foco nas políticas de identidade, enquanto vital para a inclusão e o reconhecimento das experiências de grupos marginalizados, pode, inadvertidamente, desviar a atenção das questões estruturais e de classe que afetam a sociedade como um todo. Ao enfatizar a representatividade e a diversidade de maneira superficial, o movimento Woke corre o risco de fragmentar a solidariedade de classe e de permitir que as verdadeiras fontes de poder e opressão permaneçam intactas. Para que o movimento Woke alcance seu potencial transformador, é crucial que ele encontre um equilíbrio entre a defesa das políticas de identidade e a luta por mudanças estruturais que abordem as raízes profundas da desigualdade.

## Discussão sobre a Fragmentação Social e a Divisão Promovida por Essas Políticas

Talvez você ainda não tenha percebido, mas a maior estratégia desenvolvida até agora é a de "dividir para destruir". A partir do momento em que o capitalismo desenvolveu esses mecanismos, houve um processo de divisão não apenas na esquerda, mas também na sociedade como um todo. Com a ausência de união, torna-se mais fácil eliminar cada ponto específico de resistência, enfraquecendo a capacidade de contestação coletiva.

### 1. A Estratégia de Dividir para Destruir

A divisão social promovida pelas políticas de identidade pode ser vista como uma estratégia eficaz para minar a solidariedade coletiva. Ao fragmentar os grupos em subcategorias baseadas em identidade — como raça, gênero, orientação sexual, e outras —, cria-se uma multiplicidade de lutas que competem entre si por visibilidade e recursos. Enquanto essas lutas são importantes, sua fragmentação pode enfraquecer a capacidade de mobilização em torno de causas comuns que afetam todos esses grupos, como a desigualdade econômica e a justiça social.

Essa fragmentação beneficia particularmente aqueles que estão no poder, pois uma população dividida é menos capaz de organizar uma resistência eficaz. Quando os movimentos sociais se concentram exclusivamente em questões identitárias, eles podem perder de vista os alicerces estruturais que sustentam a opressão, como as desigualdades econômicas e a concentração de poder.

### 2. Divisão na Esquerda

A fragmentação não apenas enfraquece a solidariedade social em geral, mas também causa divisões dentro da própria esquerda. Em vez de unir forças para enfrentar as questões estruturais que afetam a todos, a esquerda muitas vezes se vê dividida em facções que priorizam diferentes aspectos das políticas de identidade. Essa divisão pode levar a um cenário em que os grupos de esquerda se envolvem em conflitos internos, debatendo qual causa deve ter prioridade, em vez de se unirem para enfrentar o sistema que perpetua as desigualdades.

Essa falta de coesão dentro da esquerda pode ser explorada pela direita capitalista, que se beneficia dessa desunião. Quando a esquerda está ocupada com conflitos internos, ela se torna menos eficaz em promover uma agenda política unificada que poderia desafiar as estruturas de poder dominantes.

### 3. Impacto na Sociedade como um Todo

A fragmentação social promovida pelas políticas de identidade não se limita ao campo político; ela também afeta a sociedade como um todo. À medida que os indivíduos se identificam cada vez mais com subgrupos específicos, a coesão social pode se deteriorar. Isso pode levar a um aumento da polarização, onde os diferentes grupos veem uns aos outros como adversários em vez de aliados em uma luta comum por justiça e igualdade.

Essa divisão pode criar um ambiente onde o diálogo e a cooperação se tornam difíceis, se não impossíveis. Em vez de buscar pontos de convergência que possam unir diferentes grupos em torno de objetivos compartilhados, a sociedade pode se fragmentar em facções que se sentem constantemente em competição por reconhecimento e recursos. Esse cenário não só impede o progresso social, mas também pode alimentar conflitos que perpetuam as desigualdades e a injustiça.

### 4. A Ilusão de Progresso

Uma das consequências mais perniciosas dessa fragmentação é a ilusão de progresso. À medida que as políticas de identidade ganham destaque, pode parecer que a sociedade está avançando em direção a uma maior inclusão e justiça. No entanto, esse progresso é muitas vezes superficial, pois as estruturas que sustentam as desigualdades permanecem intactas.

A fragmentação social impede que os movimentos sociais formem coalizões amplas e poderosas que poderiam pressionar por mudanças estruturais reais.

Enquanto os grupos estão ocupados lutando por suas próprias causas específicas, as questões mais amplas e universais, como a redistribuição de riqueza, a reforma do sistema de justiça criminal, e a proteção dos direitos trabalhistas, podem ser negligenciadas. Essa fragmentação serve, em última análise, aos interesses daqueles que desejam manter o status quo, pois impede a formação de uma resistência unificada e eficaz.

## Conclusão

A fragmentação social e a divisão promovidas pelas políticas de identidade representam um desafio significativo para o movimento Woke e para a sociedade em geral. Embora seja crucial reconhecer e valorizar as diferentes identidades e experiências de opressão, é igualmente importante evitar que essa ênfase leve à desunião e à perda de foco nas questões estruturais que afetam a todos. Para que o movimento Woke e os movimentos sociais em geral sejam bem-sucedidos, eles devem encontrar maneiras de unir essas diversas lutas em uma frente comum que possa enfrentar as raízes profundas da desigualdade e da injustiça.

# CAPÍTULO 4

# DEI – Diversidade, Equidade e Inclusão como Ferramentas de Controle

**Introdução do 04 Capítulo:**

Antes de mergulharmos na análise das práticas de diversidade, equidade e inclusão (DEI) nas corporações e organizações, aqui vai uma curta história fictícia que ilustra como essas práticas, embora bem-intencionadas, podem às vezes se transformar em meros instrumentos de imagem, sem promover mudanças reais.

## A Grande Reunião Anual

*Em uma empresa multinacional moderna, conhecida por seus anúncios de diversidade e inclusão, estava se aproximando a grande reunião anual. A CEO, uma mulher conhecida por seu discurso progressista, planejava mais uma vez destacar os avanços da empresa em termos de diversidade, equidade e inclusão (DEI).*

*Durante a reunião, ela apresentava gráficos coloridos mostrando o aumento da diversidade no quadro de funcionários e os novos programas de inclusão. Contudo, enquanto os números pareciam promissores, a realidade nos bastidores era outra. Os trabalhadores que não faziam parte das "minorias" frequentemente criticavam em silêncio o fato de que, embora os rostos na empresa estivessem mais variados, as oportunidades de promoção e os salários continuavam a refletir as mesmas antigas desigualdades.*

*Apesar do discurso, a cultura corporativa pouco havia mudado. A empresa, sob a superfície polida, permanecia presa às suas antigas práticas, enquanto utilizava a retórica DEI como um escudo contra críticas e como uma ferramenta de marketing.*

## *Exploração das Práticas DEI nas Corporações e Organizações*

### *Antes de tudo, o que são DEI e ESG?*

**DEI** é a sigla para Diversidade, Equidade e Inclusão (Diversity, Equity, and Inclusion), um conjunto de práticas e políticas adotadas por muitas corporações e organizações para promover um ambiente de trabalho mais diversificado, equitativo e inclusivo. Essas práticas geralmente envolvem a criação de programas que visam aumentar a diversidade de gênero, racial e de orientação sexual dentro das empresas, além de promover a equidade salarial e a inclusão de todas as vozes nos processos decisórios.

**ESG**, por sua vez, refere-se a Environmental, Social, and Governance, que em português é traduzido como Ambiental, Social e Governança. São critérios utilizados para medir o impacto ético e sustentável de uma empresa. No Brasil, essa sigla também é amplamente utilizada. O ESG avalia o comportamento de uma empresa em relação ao meio ambiente, seu impacto social (como as práticas de DEI), e a qualidade da governança corporativa.

Há muitas empresas que adotam as práticas de DEI, promovendo-se como líderes em inclusão e diversidade. No entanto, ironicamente, essas mesmas empresas são frequentemente processadas por questões que dizem defender. Isso ocorre porque, muitas vezes, essas práticas de DEI são implementadas de maneira superficial, servindo mais como uma estratégia de marketing do que como um compromisso genuíno com a justiça social.

### Exemplo Real: Google

Um exemplo notável é o caso do **Google**, uma das maiores empresas de tecnologia do mundo, que se posiciona como líder em diversidade e inclusão. O Google frequentemente divulga suas iniciativas DEI, incluindo programas para aumentar a diversidade racial e de gênero entre seus funcionários. No entanto, em 2020, a empresa enfrentou uma série de críticas e processos legais que questionaram a autenticidade de suas práticas DEI.

Uma das críticas mais significativas foi a demissão da pesquisadora de ética em inteligência artificial Timnit Gebru, uma mulher negra que era uma das poucas líderes no Google focadas em questões de diversidade e inclusão na área de tecnologia. A demissão de Gebru, que ocorreu após ela expressar preocupações sobre a falta de diversidade na empresa e os vieses éticos em projetos de IA, gerou uma onda de protestos internos e externos. Funcionários do Google e observadores da indústria argumentaram que a demissão contradizia o compromisso da empresa com a inclusão e a diversidade.

Além disso, o Google tem enfrentado processos por discriminação racial e de gênero. Em um caso, um ex-funcionário processou a empresa alegando que o Google promove um ambiente de trabalho hostil para minorias e mulheres, apesar de suas iniciativas DEI. Esses exemplos revelam a desconexão entre a imagem pública da empresa e as práticas internas, onde a retórica da diversidade e inclusão não se traduz em mudanças reais nas dinâmicas de poder e nos comportamentos cotidianos.

Você chegou até aqui acreditando que já entendeu todos os mecanismos sociais. No entanto, entender o que realmente cria esses mecanismos é extremamente importante para não se iludir com siglas atraentes como DEI ou ESG.

Essas siglas, quando mal utilizadas, podem se transformar em ferramentas que mascaram a realidade, criando uma falsa sensação de progresso enquanto as estruturas de poder e desigualdade permanecem inalteradas. As práticas de DEI e ESG, embora essenciais quando implementadas com integridade, muitas vezes são adotadas de forma superficial, mais voltadas para melhorar a imagem pública das empresas do que para promover mudanças substanciais.

## Surgimento, Criadores e Fundadores de DEI e ESG

### Origens e Contexto Histórico

O conceito de DEI (Diversidade, Equidade e Inclusão) emergiu das lutas por direitos civis e igualdade social que ganharam força no século XX, especialmente nos Estados Unidos. Suas raízes podem ser rastreadas até os movimentos pelos direitos civis, feminismo, e a luta por direitos LGBTQ +, que começaram a desafiar as desigualdades e a discriminação institucionalizada em várias esferas da sociedade, incluindo o ambiente de trabalho.

### Direitos Civis e o Movimento Feminista

O movimento dos direitos civis nos Estados Unidos, liderado por figuras como Martin Luther King Jr., Rosa Parks, e muitos outros, trouxe à tona as profundas desigualdades raciais que permeavam todas as áreas da vida americana. Na mesma época, o movimento feminista de segunda onda, com líderes como Betty Friedan e Gloria Steinem, começou a questionar as normas patriarcais e a lutar pela igualdade de gênero no local de trabalho e na sociedade.

Esses movimentos criaram uma base para a emergência das práticas de diversidade e inclusão no ambiente corporativo. À medida que as demandas por igualdade se intensificavam, empresas e instituições foram pressionadas a criar políticas que refletissem esses valores, resultando na formalização de programas de diversidade e inclusão.

## Desenvolvimento do Conceito de Equidade

Com o tempo, o conceito de equidade foi incorporado ao discurso de diversidade e inclusão. Equidade vai além da igualdade, reconhecendo que diferentes grupos enfrentam barreiras distintas e, portanto, requerem diferentes tipos de suporte para alcançar um ponto de partida justo. A inclusão do "E" em DEI reflete uma compreensão mais profunda das desigualdades estruturais e a necessidade de abordá-las de maneira mais eficaz.

## Institucionalização de DEI nas Corporações

Na década de 1980 e 1990, as práticas de DEI começaram a ser institucionalizadas nas corporações, especialmente nos Estados Unidos. Grandes empresas, em resposta às mudanças sociais e à pressão pública, começaram a criar departamentos dedicados à diversidade e inclusão. Programas de treinamento, comitês de diversidade e iniciativas de recrutamento começaram a ser desenvolvidos, muitas vezes impulsionados por regulamentações governamentais e a necessidade de evitar processos por discriminação.

Embora essas práticas tenham trazido

avanços importantes, muitas vezes foram criticadas por serem superficiais ou simbólicas, sem abordar as raízes das desigualdades. A adoção de DEI muitas vezes serviu mais para melhorar a imagem pública das empresas do que para promover mudanças substanciais em suas culturas internas.

## Surgimento e Desenvolvimento de ESG (Environmental, Social, and Governance)

### Origens do Conceito de ESG

ESG, que significa Environmental, Social, and Governance (Ambiental, Social e Governança), é um conceito que se desenvolveu a partir da crescente conscientização sobre os impactos ambientais e sociais das atividades empresariais. O termo ESG começou a ganhar destaque no início dos anos 2000, mas suas raízes estão no movimento de investimento socialmente responsável (SRI, na sigla em inglês) das décadas de 1960 e 1970.

### Investimento Socialmente Responsável (SRI)

O movimento SRI surgiu como uma resposta ao desejo de alinhar os investimentos financeiros com os valores éticos dos investidores. Os primeiros exemplos de SRI incluíram o boicote a investimentos em empresas que lucravam com a Guerra do Vietnã ou que operavam na África do Sul durante o apartheid. Esses investidores começaram a exigir mais transparência das empresas em relação aos seus impactos sociais e ambientais, bem como às práticas de governança.

### Evolução para ESG

Com o tempo, o conceito de SRI evoluiu para ESG, que representa uma abordagem mais abrangente e integrada para avaliar as empresas. ESG tornou-se uma métrica para medir o comportamento corporativo em três áreas principais:

- **Ambiental (Environmental)**: Refere-se ao impacto que uma empresa tem no meio ambiente, incluindo suas práticas de sustentabilidade, gestão de recursos naturais, emissões de carbono, e resposta às mudanças climáticas.

- **Social (Social)**: Envolve as práticas da empresa em relação às pessoas, incluindo condições de trabalho, direitos humanos, diversidade e inclusão, e impacto nas comunidades onde opera.

- **Governança (Governance)**: Refere-se à estrutura de liderança da empresa, transparência, ética nos negócios, e práticas anticorrupção.

A sigla ESG foi formalmente popularizada em 2004 através do relatório intitulado "Who Cares Wins," uma iniciativa liderada pelo Pacto Global da ONU em colaboração com o Banco Mundial e importantes instituições financeiras globais. O relatório defendia que a integração de fatores ambientais, sociais e de governança nas operações empresariais poderia não apenas ser benéfica para a sociedade, mas também para o desempenho financeiro das empresas.

### Adesão e Implementação

Nos anos seguintes, o ESG foi amplamente adotado por investidores institucionais e gestores de ativos, que começaram a exigir que as empresas divulgassem suas práticas em relação a essas três áreas. A ideia era que as empresas que tivessem um bom desempenho nos critérios ESG seriam mais sustentáveis e, portanto, representariam investimentos mais seguros a longo prazo.

Além disso, o ESG se tornou uma parte central das práticas de responsabilidade social corporativa (RSC), à medida que as empresas se esforçavam para se apresentar como eticamente responsáveis e socialmente conscientes. No entanto, assim como com as práticas DEI, o ESG muitas vezes foi criticado por ser mais uma ferramenta de marketing do que uma mudança substancial nas práticas corporativas. Algumas empresas adotaram práticas ESG superficiais, sem realmente transformar suas operações de maneira significativa.

### O Papel dos Criadores e Pioneiros

O movimento ESG tem sido promovido por

várias organizações internacionais, como a ONU e o Banco Mundial, e por líderes empresariais e investidores que perceberam a importância de alinhar os interesses financeiros com as demandas sociais e ambientais. Pioneiros como Al Gore, através de sua empresa Generation Investment Management, têm sido fundamentais na promoção do ESG como um imperativo ético e financeiro.

## Conclusão

Tanto DEI quanto ESG representam esforços importantes para alinhar as práticas empresariais com valores sociais e ambientais. No entanto, esses conceitos, ao serem implementados de forma superficial, muitas vezes se tornam ferramentas de marketing que não abordam as questões estruturais subjacentes. Para que DEI e ESG cumpram seu potencial transformador, é essencial que sejam adotados com um compromisso genuíno de mudança, em vez de serem usados apenas para melhorar a imagem pública das empresas.

# CAPÍTULO 5

# Autoritarismo e Controle Social no Movimento Woke

## *A Cultura do Cancelamento e o Policiamento da Expressão como Formas de Controle*

A cultura do cancelamento é um dos mecanismos mais perversos já criados dentro do movimento Woke. Esse mecanismo tem o poder de acabar com a reputação e a dignidade de uma pessoa, muitas vezes com base em um erro, uma opinião impopular, ou uma falha que, em outros contextos, poderia ser abordada com diálogo e entendimento. No entanto, na cultura do cancelamento, não há espaço para o arrependimento ou para a reabilitação. Uma vez "cancelado", o indivíduo é frequentemente condenado ao ostracismo, perdendo oportunidades profissionais, amizades e respeito social.

### *O Poder da Multidão*

A cultura do cancelamento opera através de um poder coletivo, onde a multidão nas redes sociais se une para julgar, condenar e punir aqueles que são considerados culpados de transgressões contra as normas Woke. Essa punição pode ser desproporcional ao suposto erro, transformando o processo em uma espécie de tribunal público onde a sentença é a destruição da reputação.

Embora a intenção por trás do cancelamento muitas vezes seja chamar a atenção para comportamentos problemáticos ou prejudiciais, o método pode ser brutal e implacável. Em vez de promover a conscientização e a mudança positiva, a cultura do cancelamento frequentemente silencia as pessoas, promovendo o medo e a autocensura. Aqueles que temem ser cancelados podem evitar expressar suas opiniões sinceras ou questionar as normas, contribuindo para um ambiente de conformidade forçada.

### Policiamento da Expressão

Junto com a cultura do cancelamento, o policiamento da expressão é outra forma de controle social que se manifestou dentro do movimento Woke. Esse policiamento envolve a vigilância constante sobre o que é dito e como é dito, muitas vezes levando à censura de qualquer discurso que possa ser considerado ofensivo, insensível ou inadequado. As pessoas são monitoradas não apenas pelo que dizem em público, mas também pelo que compartilham em redes sociais, em conversas privadas, e até mesmo em suas interações profissionais.

O policiamento da expressão cria um ambiente onde a linguagem é cuidadosamente controlada, e qualquer desvio das normas estabelecidas pode levar a represálias sociais. Isso não só limita o debate aberto e honesto, mas também pode inibir a criatividade e o pensamento crítico. Ao impor um conjunto rígido de regras sobre o que pode ou não ser dito, o movimento Woke corre o risco de se transformar em uma força autoritária, mais preocupada em manter a ortodoxia do que em promover o entendimento e a justiça.

## Implicações Sociais e Políticas

Essas formas de controle social — cancelamento e policiamento da expressão — têm implicações profundas para a sociedade como um todo. Elas não apenas limitam a liberdade de expressão, mas também podem dividir ainda mais a sociedade. Aqueles que se sentem alvos ou temem o cancelamento podem se retrair ou se unir em subgrupos que resistem ativamente às normas Woke, levando a uma polarização ainda maior.

Além disso, o poder de cancelamento muitas vezes se concentra nas mãos de uma minoria vocal, que pode impor suas normas sobre a maioria. Isso cria uma dinâmica onde o poder não é distribuído de forma justa, mas concentrado nas mãos daqueles que controlam as plataformas de mídia social e o discurso público.

## Conclusão

A cultura do cancelamento e o policiamento da expressão, enquanto mecanismos de controle social, refletem uma faceta autoritária do movimento Woke que contradiz seus próprios princípios de justiça e inclusão. Embora o movimento tenha nascido de uma preocupação legítima com a injustiça e a opressão, essas táticas muitas vezes reforçam o medo, a conformidade e a divisão, em vez de promover a compreensão, o diálogo e a verdadeira transformação social. Para que o movimento Woke realize seu potencial de criar uma sociedade mais justa, ele deve enfrentar e reformar essas práticas, buscando maneiras de conciliar responsabilidade com compaixão, e justiça com liberdade de expressão.

## Comparação com Práticas
## Autoritárias Associadas à Direita

A cultura Woke é geralmente associada à esquerda, muitas vezes por conta da chamada "lacração". A ideia de lacração costuma estar relacionada a obras, como filmes, séries ou adaptações, que desagradam certos indivíduos por incluírem elementos progressistas, como representações diversificadas. No entanto, como vimos até aqui, o movimento Woke vai muito além de meras representações superficiais; existem conceitos mais profundos que precisam ser entendidos e observados, incluindo o controle social e as práticas de censura.

Assim como as práticas autoritárias tradicionalmente associadas à direita, o movimento Woke também apresenta mecanismos de controle que podem resultar em perseguições a quem não se alinha com seus valores ou normas. Um exemplo claro disso no Brasil foi o movimento político em torno do presidente Jair Bolsonaro. Muitos de seus apoiadores, ao se afastarem de sua base ideológica, passaram a ser perseguidos e atacados, não apenas por opositores, mas também por antigos aliados que viam o distanciamento como uma traição. A mesma dinâmica de perseguição pode ser observada no movimento Woke, onde qualquer desvio das normas estabelecidas pode levar ao ostracismo social e à destruição da reputação.

Esse tipo de perseguição é uma ferramenta poderosa, presente tanto no movimento Woke quanto nas práticas autoritárias de direita. A ideia de que qualquer forma de dissidência deve ser punida com ostracismo ou cancelamento revela um ponto em comum entre esses dois campos ideológicos. Ambos utilizam o controle social como uma maneira de manter a conformidade e impedir o questionamento dos valores dominantes.

### Outro Exemplo Real: O Caso J.K. Rowling

Outro exemplo real que ilustra essa dinâmica é o caso da autora britânica J.K. Rowling, famosa por sua série de livros "Harry Potter". Inicialmente celebrada como uma autora progressista, Rowling passou a ser alvo de críticas intensas e campanhas de cancelamento após fazer declarações controversas sobre questões de gênero. As reações foram rápidas e implacáveis, com muitos ativistas do movimento Woke exigindo que sua obra fosse boicotada e sua voz excluída do debate público.

Essa reação é comparável às práticas autoritárias associadas à direita, onde qualquer dissidência em relação às normas do grupo é severamente punida. Assim como no caso de ex-apoiadores de Bolsonaro que foram perseguidos por abandonarem a linha ideológica, a cultura Woke também promove um ambiente onde a dissidência é reprimida, e os indivíduos que não seguem rigidamente as normas são cancelados ou marginalizados. Em ambos os casos, o controle social é exercido para manter a conformidade e impedir o questionamento das normas estabelecidas.

## Conclusão

A comparação entre as práticas autoritárias do movimento Woke e da direita revela um ponto em comum surpreendente: ambos os grupos utilizam o controle social e a perseguição como ferramentas para manter a ortodoxia ideológica. Enquanto o movimento Woke se apresenta como uma força progressista e inclusiva, seus métodos de censura e cancelamento refletem práticas autoritárias que têm sido historicamente associadas à direita. Essa convergência entre os extremos ideológicos levanta questões importantes sobre o papel do controle social e a repressão da dissidência em ambos os lados do espectro político.

## *Discussão sobre a Imposição de Normas Estritas de Comportamento e Pensamento*

Uma das características mais controversas do movimento Woke é a imposição de normas estritas de comportamento e pensamento. Embora o movimento tenha nascido da necessidade legítima de desafiar injustiças e promover a igualdade, ele também desenvolveu um conjunto de regras rígidas que determinam o que é aceitável em termos de comportamento, linguagem e crenças. Essas normas, muitas vezes, deixam pouco espaço para o diálogo, a diversidade de pensamento, ou o erro humano, criando um ambiente que pode ser tanto limitador quanto opressivo.

### 1. Origem e Intenções das Normas

As normas estritas de comportamento e pensamento no movimento Woke surgiram, em grande parte, como uma reação às décadas, ou mesmo séculos, de opressão sistêmica. Grupos historicamente marginalizados — como pessoas negras, LGBTQ+, mulheres, e outras minorias — começaram a exigir que certos comportamentos e linguagem que perpetuavam essa opressão fossem eliminados. O movimento Woke, ao se concentrar em questões de justiça social, estabeleceu um conjunto de diretrizes que visam proteger esses grupos da discriminação e da violência simbólica.

Essas normas incluem a adoção de uma linguagem inclusiva, o respeito pelas identidades de gênero, a conscientização sobre microagressões, e a rejeição de discursos considerados ofensivos ou prejudiciais. Em princípio, essas regras foram desenvolvidas para criar um ambiente mais seguro e respeitoso para todos, onde as vozes tradicionalmente silenciadas pudessem ser ouvidas.

## 2. Transformação em Ortodoxia

No entanto, o que começou como um esforço para proteger e promover a inclusão se transformou, em alguns casos, em uma ortodoxia rígida. As normas Woke, que inicialmente buscavam justiça, passaram a ser aplicadas de maneira inflexível, com pouca tolerância para o erro ou a divergência. O que é considerado aceitável ou não tornou-se objeto de uma vigilância constante, com penalidades sociais severas para aqueles que violam essas normas, intencionalmente ou não.

Essa rigidez leva à criação de um ambiente onde as pessoas podem sentir que devem "andar sobre ovos", sempre preocupadas em não cometer um deslize que possa levar a seu cancelamento ou à marginalização. A imposição dessas normas não apenas inibe a liberdade de expressão, mas também cria uma cultura de medo, onde a autocensura se torna a regra.

## 3. Efeitos da Conformidade Forçada

A imposição de normas estritas de comportamento e pensamento tem vários efeitos negativos. Primeiro, ela pode sufocar o debate e a troca de ideias, elementos essenciais para qualquer sociedade democrática. Quando as pessoas se sentem incapazes de expressar suas opiniões ou de fazer perguntas por medo de represálias, a diversidade de pensamento é comprometida. Isso pode levar a uma homogeneidade ideológica que não permite a evolução do pensamento crítico ou a resolução de questões complexas.

Além disso, essa conformidade forçada pode levar ao ressentimento. Aqueles que sentem que foram forçados a adotar uma postura ou a censurar seus pensamentos podem desenvolver um sentimento de hostilidade, tanto em relação ao movimento Woke quanto às normas que ele impõe. Esse ressentimento pode se manifestar em um retorno ao extremismo ou à polarização, exacerbando as divisões sociais em vez de resolvê-las.

## 4. Impacto na Sociedade e nas Relações Interpessoais

A imposição dessas normas não afeta apenas o discurso público, mas também as relações interpessoais. Amizades, parcerias de trabalho e até mesmo relações familiares podem ser tensas ou destruídas pela aplicação rígida das normas Woke. A exigência de aderir a um conjunto específico de crenças e comportamentos pode alienar aqueles que, por qualquer motivo, não conseguem ou não desejam se conformar.

Isso cria uma sociedade em que o tribalismo se intensifica, onde a lealdade a um conjunto de normas se torna mais importante do que o entendimento ou a empatia. A polarização resultante pode dividir comunidades e enfraquecer a coesão social, dificultando a construção de uma sociedade verdadeiramente inclusiva e equitativa.

## 5. Possíveis Caminhos para a Inclusão Verdadeira

Embora as normas de comportamento e pensamento do movimento Woke tenham boas intenções, é crucial encontrar um equilíbrio entre a necessidade de justiça social e a preservação da liberdade de pensamento e expressão. Uma sociedade saudável deve ser capaz de proteger os grupos marginalizados sem sacrificar a diversidade de ideias e a capacidade de questionar as normas estabelecidas.

Um caminho possível é a promoção de um ambiente onde o diálogo e a educação sejam priorizados em vez da punição. Ao invés de cancelar ou marginalizar aqueles que cometem erros, a ênfase deve estar na oportunidade de aprender e crescer. Isso envolve a criação de espaços onde as pessoas possam discutir, debater e até mesmo discordar respeitosamente, sem medo de represálias sociais severas.

## Conclusão

A imposição de normas estritas de comportamento e pensamento dentro do movimento Woke, embora motivada por um desejo de justiça e inclusão, corre o risco de se transformar em uma forma de autoritarismo social. Para que o movimento Woke realize seu potencial de criar uma sociedade mais justa e equitativa, ele deve buscar um equilíbrio entre a proteção dos direitos e a preservação da liberdade de expressão e pensamento. Somente através do diálogo aberto e da educação podemos construir uma sociedade onde a inclusão seja verdadeira e significativa, sem a necessidade de imposição ou conformidade forçada.

# CAPÍTULO 6

# Estudos de Caso e Exemplos Concretos

*Análise Detalhada de Casos
Específicos Onde o Movimento
Woke se Alinha com Práticas
e Valores de Direita*

Embora o movimento Woke seja amplamente associado à esquerda progressista, há casos em que seus princípios e práticas se alinham, paradoxalmente, com valores e estratégias tradicionalmente ligados à direita. Esses exemplos revelam como a retórica do Woke pode ser cooptada para servir a interesses que, à primeira vista, parecem antagônicos aos objetivos do movimento. Abaixo, analisamos detalhadamente alguns casos específicos que ilustram essa convergência inesperada.

## 1. Adoção de Práticas Woke por Corporações com Valores Conservadores

As corporações têm sido pioneiras na adoção das práticas de DEI (Diversidade, Equidade e Inclusão), promovendo a imagem de que estão comprometidas com a justiça social. No entanto, muitas dessas empresas mantêm, simultaneamente, valores conservadores em outras áreas, especialmente em suas práticas econômicas e trabalhistas.

**Caso: Chick-fil-A**

Chick-fil-A, uma cadeia americana de restaurantes conhecida por seus valores cristãos conservadores, tem sido alvo de controvérsia por suas doações a organizações que se opõem aos direitos LGBTQ+. No entanto, para mitigar as críticas e melhorar sua imagem pública, a empresa começou a adotar uma retórica de inclusão e diversidade. Internamente, Chick-fil-A tem promovido práticas de diversidade e realizado treinamentos de inclusão, enquanto continua a manter uma postura pública que se alinha com valores conservadores tradicionais.

Esse exemplo ilustra como as práticas Woke podem ser utilizadas como uma estratégia de marketing para neutralizar críticas e atrair um público mais jovem e progressista, sem que a empresa precise abandonar seus valores fundamentais ou suas práticas conservadoras.

### 2. Cooptação do Discurso Woke por Governos Autoritários

Outra área onde o movimento Woke pode se alinhar com práticas de direita é quando governos autoritários utilizam a retórica de inclusão e diversidade para justificar políticas repressivas ou para mascarar suas próprias práticas discriminatórias.

### Caso: Hungria sob Viktor Orbán

Viktor Orbán, primeiro-ministro da Hungria,

lidera um governo nacionalista que é frequentemente criticado por suas políticas autoritárias e anti-imigração. No entanto, o governo de Orbán tem utilizado a retórica de proteção dos valores culturais húngaros, argumentando que está defendendo a diversidade cultural da nação contra as imposições do "globalismo" ocidental. Embora essa retórica não seja exatamente "Woke" no sentido tradicional, ela cooptou o discurso de proteção à identidade cultural para justificar políticas de exclusão e repressão.

Orbán, paradoxalmente, apela a uma forma distorcida de pluralismo cultural para fortalecer seu controle autoritário, mostrando como a retórica de identidade pode ser utilizada tanto pela esquerda quanto pela direita para fins políticos.

### 3. Alinhamento da Cultura Woke com o Capitalismo de Vigilância

O capitalismo de vigilância, um termo popularizado por Shoshana Zuboff, descreve a prática de empresas que coletam vastas quantidades de dados pessoais para prever e manipular o comportamento dos consumidores. Curiosamente, muitas dessas empresas, como Google e Facebook, adotam abertamente a retórica Woke em suas campanhas de marketing e políticas internas, promovendo a diversidade e a inclusão.

**Caso: Google**

Google é um exemplo clássico de como a retórica Woke pode se alinhar com práticas capitalistas que, na verdade, reforçam o controle social e a concentração de poder. Enquanto promove políticas internas de DEI e se posiciona como uma empresa progressista em questões sociais, o Google continua a operar um dos sistemas mais avançados de coleta e manipulação de dados, que pode ser visto como uma forma de controle autoritário.

Essa aparente contradição mostra como as práticas Woke podem ser instrumentalizadas para melhorar a imagem de empresas que, ao mesmo tempo, participam ativamente de práticas que muitos considerariam opressivas ou autoritárias, como a vigilância em massa.

## 4. Adoção do Discurso Woke por Movimentos Populistas de Direita

Em alguns casos, movimentos populistas de direita têm adotado elementos do discurso Woke, particularmente em relação à identidade nacional ou cultural, para atrair segmentos específicos do eleitorado que sentem que suas identidades estão sob ameaça.

### Caso: Partido Conservador do Canadá e o "Direito à Identidade"

No Canadá, o Partido Conservador, tradicionalmente associado à direita, começou a adotar um discurso que enfatiza o "direito à identidade" dos canadenses brancos e cristãos, em resposta ao que percebem como uma ameaça à sua cultura por parte do multiculturalismo promovido pela esquerda. Essa retórica, que ecoa a linguagem Woke de proteção à identidade, é utilizada para justificar políticas de imigração mais restritivas e a preservação dos "valores tradicionais".

Esse uso do discurso de identidade mostra como a retórica Woke pode ser adaptada para servir a agendas políticas que são fundamentalmente conservadoras, promovendo a exclusão em vez da inclusão.

## Conclusão

Esses estudos de caso mostram como o movimento Woke, apesar de suas origens progressistas, pode ser alinhado e até cooptado por práticas e valores tradicionalmente associados à direita. Seja através da adoção superficial de políticas de DEI por corporações conservadoras, da utilização do discurso de identidade por governos autoritários, ou da instrumentalização do Woke por empresas que praticam o capitalismo de vigilância, esses exemplos revelam as complexidades e contradições inerentes à retórica de inclusão e diversidade. Eles também levantam questões importantes sobre o poder, a autenticidade, e as possíveis limitações do movimento Woke em promover mudanças sociais genuínas.

## Reflexão sobre o Impacto dessas Práticas na Sociedade: Análises Filosóficas e Sociais

O movimento Woke, com suas práticas e retóricas focadas em diversidade, equidade e inclusão, teve um impacto profundo na sociedade contemporânea. Enquanto suas intenções de justiça social são indiscutíveis, as práticas associadas ao Woke também levantam questões complexas sobre liberdade, poder, controle social e a natureza do discurso público. Utilizando análises filosóficas e sociais, vamos refletir sobre os impactos dessas práticas na sociedade, explorando tanto os benefícios quanto as possíveis consequências negativas.

### 1. O Paradoxo da Liberdade e Controle Social

Uma das contradições mais evidentes no movimento Woke é o paradoxo entre a promoção da liberdade e a imposição de normas rígidas de comportamento e pensamento. Ao buscar a emancipação dos grupos marginalizados, o movimento Woke simultaneamente impõe um conjunto estrito de normas sociais que regulam o discurso e o comportamento. Isso cria um dilema filosófico sobre a verdadeira natureza da liberdade.

### Análise Filosófica: A Liberdade Positiva e Negativa

Isaiah Berlin, um dos filósofos mais influentes do século XX, fez uma distinção clássica entre liberdade positiva e liberdade negativa. A liberdade negativa é a ausência de coerção ou interferência externa — a liberdade de fazer ou não fazer algo sem a imposição de terceiros. A liberdade positiva, por outro lado, refere-se ao autodomínio, ou à capacidade de ser seu próprio mestre, muitas vezes exigindo a interferência externa para garantir que todos tenham as mesmas oportunidades de se desenvolver.

O movimento Woke, em muitos aspectos, busca promover a liberdade positiva, garantindo que todos os grupos tenham as mesmas oportunidades e sejam protegidos de discursos e comportamentos prejudiciais. No entanto, ao fazer isso, ele pode comprometer a liberdade negativa, impondo limites rígidos ao que pode ser dito ou feito. A tensão entre essas duas formas de liberdade levanta a questão: até que ponto podemos regular o comportamento e o discurso em nome da justiça social sem sacrificar a liberdade individual?

## 2. A Fragmentação Social e a Perda de Solidariedade Coletiva

O movimento Woke também teve um impacto significativo na coesão social. Ao enfatizar as políticas de identidade e a necessidade de reconhecimento individual e de grupo, ele contribuiu para a fragmentação social. Essa fragmentação pode enfraquecer a solidariedade coletiva, essencial para enfrentar questões estruturais e de classe.

## Análise Social: A Teoria dos Movimentos Sociais

A teoria dos movimentos sociais sugere que a solidariedade e a coesão são fundamentais para a eficácia de um movimento. Quando um movimento se fragmenta em várias lutas identitárias, corre o risco de perder a força necessária para provocar mudanças sistêmicas. O sociólogo Émile Durkheim também argumentava que a solidariedade social é o tecido que mantém as sociedades unidas; sem ela, as sociedades correm o risco de anomia — uma condição de instabilidade onde as normas sociais se desintegram e os indivíduos se sentem desconectados.

No contexto do movimento Woke, a ênfase nas identidades específicas pode criar divisões internas, onde diferentes grupos competem por visibilidade e recursos. Essa competição pode enfraquecer a capacidade de mobilização em torno de questões mais amplas, como a desigualdade econômica, que afetam a todos, independentemente de sua identidade individual. Assim, o impacto social pode ser uma sociedade mais dividida, onde a solidariedade é diluída e a capacidade de ação coletiva é prejudicada.

## 3. O Policiamento da Linguagem e a Autocensura

O impacto do policiamento da linguagem, promovido pelo movimento Woke, também merece uma análise profunda. Embora as intenções sejam de proteger os indivíduos de discursos prejudiciais, o resultado pode ser uma cultura de autocensura, onde as pessoas têm medo de expressar suas opiniões ou de participar de debates por medo de represálias.

### Análise Filosófica: A Linguagem como Poder (Michel Foucault)

Michel Foucault, um dos maiores pensadores sobre poder e discurso, argumentou que a linguagem é uma ferramenta de poder que molda e controla o pensamento e o comportamento das pessoas. No movimento Woke, o controle da linguagem é visto como uma forma de corrigir as injustiças e de criar um ambiente mais inclusivo. No entanto, quando esse controle se torna excessivo, ele pode ser uma forma de dominação, onde a diversidade de pensamento é suprimida e apenas um discurso é permitido.

Essa supressão pode ter consequências negativas para a sociedade. Quando as pessoas se autocensuram, o debate público se empobrece, e a capacidade de resolver questões complexas através da discussão aberta é comprometida. A imposição de uma linguagem rígida também pode alienar aqueles que se sentem incapazes de se expressar dentro dos limites estabelecidos, levando ao ressentimento e à polarização.

## 4. O Impacto na Democracia e no Discurso Público

O movimento Woke, ao regular o que pode ser dito e feito, também tem um impacto significativo no funcionamento da democracia. A democracia depende de um discurso público robusto, onde diferentes ideias e opiniões podem ser discutidas livremente. Quando certos discursos são silenciados ou reprimidos, o processo democrático é enfraquecido.

### Análise Filosófica: A Esfera Pública (Jürgen Habermas)

Jürgen Habermas, um filósofo e sociólogo alemão, desenvolveu o conceito de esfera pública — um espaço onde os cidadãos podem discutir livremente questões de interesse comum. Para Habermas, a democracia só pode funcionar plenamente quando há uma comunicação aberta e sem coerção. No entanto, o movimento Woke, ao impor normas rígidas sobre o que pode ser discutido, pode limitar essa esfera pública, restringindo o debate a apenas um conjunto de ideias aceitáveis.

Essa limitação tem consequências para a

democracia. Quando o discurso é regulado de maneira a excluir certas opiniões, a capacidade da sociedade de se autogovernar é comprometida. Além disso, a polarização resultante pode criar um ambiente onde o diálogo entre diferentes grupos é substituído por confrontos, enfraquecendo ainda mais o tecido democrático.

## CONCLUSÃO

Chegamos ao fim, embora estejamos longe de esgotar o tema. O movimento Woke é um fenômeno complexo e multifacetado, que continua a evoluir e a impactar a sociedade de maneiras diversas. Ao longo deste livro, trouxe pontos importantes e bem detalhados, na esperança de que as análises apresentadas sejam claras e acessíveis para todos que buscam entender esse movimento em profundidade.

O movimento Woke pode ser descrito como um movimento paradoxal: seu surgimento e nascimento na direita, onde foi inicialmente utilizado como uma ferramenta de controle social e manipulação cultural, reflete as profundas raízes que ele tem no capitalismo. Vive e se alimenta das dinâmicas capitalistas, sendo muitas vezes cooptado por grandes corporações que usam a retórica da diversidade e inclusão como uma estratégia de marketing. Ao mesmo tempo, descansa à sombra da esquerda, onde é frequentemente visto como uma força progressista que luta por justiça social e direitos dos grupos marginalizados.

No entanto, como discutido ao longo deste livro, essa dualidade do movimento Woke levanta questões cruciais sobre sua autenticidade e eficácia.

Se por um lado, ele busca corrigir as injustiças sociais e promover a equidade, por outro, suas práticas muitas vezes refletem o controle social e a conformidade que também são características de regimes autoritários e agendas conservadoras. O Woke, ao operar dentro das estruturas capitalistas e ao ser cooptado por elas, pode inadvertidamente reforçar as mesmas desigualdades que se propõe a combater.

Mais do que um simples movimento cultural, o Woke representa um espelho das tensões e contradições de nossa era, onde as fronteiras entre esquerda e direita, liberdade e controle, inclusão e exclusão se tornam cada vez mais nebulosas. As práticas de cancelamento, policiamento da linguagem, e a imposição de normas rígidas de comportamento e pensamento são exemplos de como o Woke pode se transformar em uma força autoritária, mesmo enquanto busca promover a inclusão.

Espero que esta análise tenha oferecido uma visão abrangente e crítica do movimento Woke, incentivando reflexões sobre seus impactos e implicações na sociedade contemporânea. O diálogo sobre esses temas é essencial, e este livro busca ser uma contribuição para essa conversa em andamento. Embora o tema esteja longe de ser completamente explorado, espero que os pontos abordados aqui sirvam como uma base sólida para futuras discussões e análises.

O movimento Woke, como qualquer fenômeno social, deve ser constantemente examinado e questionado para que possamos entender suas verdadeiras motivações e impactos. Só assim poderemos avançar em direção a uma sociedade que seja verdadeiramente justa, inclusiva e livre.

# REFERÊNCIAS E BIBLIOGRAFIA

## 1. Livros e Textos Filosóficos

- **Berlin, Isaiah.** *Two Concepts of Liberty.* Oxford University Press, 1958.
  - **Contexto:** Explora as distinções entre liberdade positiva e negativa, relevante para a discussão sobre liberdade e controle social no movimento Woke.

- **Foucault, Michel.** *Discipline and Punish: The Birth of the Prison.* Vintage Books, 1995.
  - **Contexto:** Discute o poder, a vigilância, e o controle social, conceitos essenciais para entender as dinâmicas de controle no movimento Woke.

- **Habermas, Jürgen.** *The Structural Transformation of the Public Sphere.* MIT Press, 1989.
  - **Contexto:** A obra de Habermas é fundamental para analisar o impacto do movimento Woke na esfera pública e no discurso democrático.

- **Zuboff, Shoshana.** *The Age of Surveillance*

*Capitalism.* PublicAffairs, 2019.

- ◦ **Contexto:** Explora como o capitalismo de vigilância se alinha com as práticas de controle social, incluindo aquelas associadas ao movimento Woke.

- **Crenshaw, Kimberlé.** *Mapping the Margins: Intersectionality, Identity Politics, and Violence against Women of Color.* Stanford Law Review, 1991.

  - ◦ **Contexto:** Introduz o conceito de interseccionalidade, essencial para entender as políticas de identidade promovidas pelo movimento Woke.

## 2. Artigos Acadêmicos e Estudos

- **Brown, Wendy.** *Undoing the Demos: Neoliberalism's Stealth Revolution.* Zone Books, 2015.

  - ◦ **Contexto:** Analisa o impacto do neoliberalismo nas práticas democráticas, relevante para entender como o movimento Woke pode ser cooptado por agendas de direita.

- **Chomsky, Noam.** *Manufacturing Consent: The Political Economy of the Mass Media.* Pantheon Books, 1988.

  - ◦ **Contexto:** Discute como o controle da mídia e do discurso público pode ser usado para manipular a opinião pública, um conceito aplicável ao movimento Woke.

- **Sullivan, Andrew.** *Is Intersectionality a Religion? New York Magazine*, 2017.
  - **Contexto:** Oferece uma crítica ao movimento Woke, comparando suas práticas a um sistema religioso, útil para discutir o controle social e a imposição de normas.

## 3. Artigos de Opinião e Ensaios

- **Friedman, Thomas L.** *How Woke Capitalism Conquered the World. The Atlantic,* June 2021.
  - **Contexto:** Explora como o movimento Woke foi cooptado por grandes corporações, alinhando-se com práticas capitalistas tradicionais.

- **Lilla, Mark.** *The Once and Future Liberal: After Identity Politics.* Harper, 2017.
  - **Contexto:** Crítica à política de identidade e suas implicações para a coesão social, relevante para entender a fragmentação promovida pelo movimento Woke.

## 4. Fontes Online e Notícias

- **"Google Fires AI Researcher Timnit Gebru."** *The New York Times,* December 2020. https://www.nytimes.com/2020/12/16/technology/google-researcher-timnit-gebru.html
  - Contexto: Exemplo real de como a retórica de DEI pode entrar em conflito com as práticas internas das empresas.

- **"How Chick-fil-A Became the Fastest-Growing Fast-Food Chain in the U.S."** *Forbes,* July 2019. https://www.forbes.com/sites/christopherhelman/2019/07/09/how-chick-fil-a-became-the-fastest-growing-fast-food-chain-in-the-us/?sh=3fda2b0c6a27
  - Contexto: Discute a estratégia de marketing de Chick-fil-A, incluindo sua abordagem à diversidade e inclusão.

## 5. Documentários e Outras Referências

- ***The Social Dilemma.*** Directed by Jeff Orlowski. Netflix, 2020.
  - Contexto: Examina o impacto das redes sociais e do capitalismo de vigilância na sociedade, relevante para discutir a cultura do cancelamento e o controle social.

- **Yates, Michael D.** *Can the Working Class Change the World?* Monthly Review Press, 2018.
  - **Contexto:** Explora o papel da classe trabalhadora na mudança social, contrastando com as políticas de identidade promovidas pelo movimento Woke.

9 798336 298185